BEI GRIN MACHT SICH IHR WISSEN BEZAHLT

Bibliografische Information der Deutschen Nationalbibliothek:

Die Deutsche Bibliothek verzeichnet diese Publikation in der Deutschen National-bibliografie; detaillierte bibliografische Daten sind im Internet über http://dnb.d-nb.de/ abrufbar.

Impressum:

Copyright © 2009 GRIN Verlag, Open Publishing GmbH
Druck und Bindung: Books on Demand GmbH, Norderstedt Germany
ISBN: 9783640672134

Dieses Buch bei GRIN:

http://www.grin.com/de/e-book/154378/foerderung-von-schuelerinnen-und-schuelern-mit-lrs-in-der-sekundarstufe

Anne Sürken

Förderung von Schülerinnen und Schülern mit LRS in der Sekundarstufe

GRIN Verlag

GRIN - Your knowledge has value

Der GRIN Verlag publiziert seit 1998 wissenschaftliche Arbeiten von Studenten, Hochschullehrern und anderen Akademikern als eBook und gedrucktes Buch. Die Verlagswebsite www.grin.com ist die ideale Plattform zur Veröffentlichung von Hausarbeiten, Abschlussarbeiten, wissenschaftlichen Aufsätzen, Dissertationen und Fachbüchern.

Besuchen Sie uns im Internet:

http://www.grin.com/

http://www.facebook.com/grincom

http://www.twitter.com/grin_com

Inhaltsverzeichnis

1. Einleitung

Ich beschäftige mich in dieser Arbeit mit dem Thema Lese-Rechtschreibstörung (LRS). Als erstes gebe ich einen kurzen Überblick über das Thema, bevor ich den Schwerpunkt der Förderung und der Förderprogramme für die Sekundarstufe I näher beleuchte.

Während der Arbeit werde ich den Begriff der Lese-Rechtschreibstörung durch Synonyme wie Lese-Rechtschreibschwäche oder Lese-Rechtschreibschwierigkeiten ersetzen. Weiterhin werde ich verschiedene Abkürzungen wie SuS für Schülerinnen und Schüler und LuL für Lehrerinnen und Lehrer verwenden.

Hinsichtlich der Literaturrecherche stellte ich fest, dass es eine Vielzahl an Werken gibt, die sich mit dem Thema der Lese-Rechtschreibstörung beschäftigen. Jedoch war der Teil, der sich mit der Förderung betroffener Kinder beschäftigt meistens für die Grundschule ausgelegt. Dies lässt sich wohl damit begründen, dass die LRS in den meisten Fällen bereits im Erstlese- und Schreibunterricht diagnostiziert und behandelt wird.

Insgesamt betrachtet wird die LRS in allen Werken hinsichtlich ihres Ursprungs, Erscheinungsbilds, Diagnostik und ihrer Folgen diskutiert. Die pädagogische , psychologische und medizinische Literatur bietet zu diesem Thema kontroverse Forschungsansätze und Ergebnisse.

Laut der Kultusministerkonferenz sind besondere Unterstützungsprogramme wie Förderung in Zusatzkursen entwickelt worden. Diese Maßnahmen der individuellen Förderung sollten bis zum Ende der 10. Jahrgangsstufe abgeschlossen sen. Eindeutig steht fest, dass die Diagnose und die darauf aufbauende Beratung und Förderung der betroffenen SuS zu den Aufgaben der Schule gehören.

2. Die Lese-Rechtschreibstörung

2.1 Definition Lese-Rechtschreibstörung

Laut der Weltgesundheitsorganisation (WHO), die die Lese-Rechtschreibstörung in den Krankheitskatalog ICD-10 (Internationale Klassifikation psychischer Störungen) aufgenommen hat, ist die Lese-Rechtschreibstörung die Beschreibung für eine umschriebene und eindeutige Beeinträchtigung des Erlernens von Lesen und Rechtschreibung. Diese ist jedoch nicht die Folge unzureichender Beschulung, einer Intelligenzminderung, körperlicher, psychischer oder neurologischer Störungen oder unzureichender familiärer Unterstützung, sonder in Störungen von Hirnfunktionen begründet. Diese Störungen sind im wesentlichen Folge einer zentralnervösen kognitiven Störung der Informationsverarbeitung. Laut ICD-10 spricht man von einer LRS, wenn die Leseleistungen des betroffenen Kindes unter dem, aufgrund des Alters, der altersgemäßen Intelligenz und der Beschulung, zu erwartendem Niveau liegen. Folglich haben Kinder mit LRS Schwierigkeiten beim Leseverständnis. Die Fähigkeit, gelesene Worte wiederzuerkennen, vorzulesen und die Leistungen bei Aufgaben, für welche Lesefähigkeit benötigt wird, können ebenfalls betroffen sein. Hiermit gehen häufig Rechtschreibstörungen einher.

Obwohl das Lesen meistens ausreichend erlernt wird, bleibt es dennoch verlangsamt. Die Rechtschreibung bleibt ebenfalls bis ins Erwachsenenalter fehlerhaft.

Die Entwicklungsstörung des Lesen und Rechtschreibens gehen häufig im Vorschulalter Entwicklungsstörungen des Sprechens und der Sprache voraus. Während der gesamten Schulzeit sind auch emotional Störungen oder Verhaltensstörungen bei den betroffenen Schülerinnen und Schülern vorzufinden. (Warnke 2002)

2.2 Historie

Der Wandel des Begriffs von Legasthenie zur Lese-Rechtschreibschwäche (LRS) vollzog sich langsam.

Es folgt nun ein kurzer Überblick über die historischen Prozesse.

Im Jahre 1895 beobachtete der Augenarzt Hinshelwood erstmals Kinder, die nicht in der Lage waren Wörter oder einzelne Buchstaben zu erlesen. Diese Beobachtung benannte er mit „kongenitaler Wortblindheit". Er nahm an, dass dieser Störung ein angeborener oder vererbter Hirndefekt zugrunde liegt, da die Kinder, die er untersuchte, aus Familien stammten, in denen eine Minderbegabung vorzufinden war.

Paul Ranschburg war der erste Pädagoge, der im Jahr 1916 den Begriff Legasthenie prägte. Mit diesem aus dem Griechischen stammenden Begriff (legein=lesen, asthenia=Schwäche) setzte er die Legasthenie mit der Leseschwäche gleich. Weiterhin wies er auf eine Rückständigkeit höheren Grades in der geistigen Entwicklung des betroffenen Kindes hin. Infolge dieser Definition wurden Kinder mit einer Leseschwäche bis nach dem 2. WK an Hilfsschulen verwiesen.

Maria Lindner nahm im Jahr 1951 die Diskussion um die Legasthenie wieder auf. Sie versuchte die Definition Ranschburgs zu widerlegen.

Anders als ihre Vorgänger definierte sie die Legasthenie als Teilstörung, nämlich als eine spezielle Schwäche im Erlernen des Lesens, indirekt auch des Schreibens bei relativ guter Intelligenz. Teilleistungsstörung bedeutet für sie, dass alle anderen schulischen Bereiche keine auffallenden Probleme aufweisen. Außerdem gab sie zum ersten Mal den Hinweis, dass die Schwäche nicht ausschließlich auf das Lesen begrenzt sein muss, sondern auch die Rechtschreibung betroffen sein kann. So kam durch die Integration der Intelligenz in die Definition erstmals auch eine Legasthenie in Verbindung mit einer Hochbegabung infrage.

Im Zeitraum der 1950er-1980er Jahre löste die Definition Lindners auch in allen schulischen LRS-Erlassen die Definition Ranschburgs ab.

Da sich die schulischen Probleme nicht wegdiskutieren ließen und lassen, kam es zu einer Neuerung der Erlasse, in denen die Kinder nun nicht mehr im Hinblick auf ihre Intelligenz, soner aufgrund ihrer schulischen Leistungen hin beurteilt wurden. Man spricht heute nicht mehr von einer Legasthenie im eigentlichen Sinn, sondern von einer Lese-Rechtschreibschwäche von der alle Kinder unabhängig von ihrer Herkunft, ihrer Intelligenz oder ihrer sozialen Umwelt betroffen sein können. (Gumpert 2009)

2.3 Abgrenzung LRS-Legasthenie

Unter den Begriff der LRS „fallen sämtliche Probleme im Erlernen des Lesens und Rechtschreibens, die im Rahmen des Lernprozesses aufgrund unterschiedlicher Ursachen auftreten können. Dabei müssen die Probleme jedoch nicht auf den sprachlichen Bereich beschränkt sen. Somit können auch Kinder mit generellen schulischen Problemen unter LRS leiden" (Gumpert 2009).

Die Legasthenie ist ein Spezialfall der LRS. Unter Legasthenie leiden Kinder, die einzig im Bereich des Lesens und Rechtschreibens Probleme haben und dennoch über eine normale bzw. sogar überdurchschnittliche Intelligenz verfügen. Während man bei einer LRS von einer erworbenen Problematik ausgeht, spricht man bei einer Legasthenie von biogenetischen Ursachen. (Gumpert 2009)

2.4 Symptome einer Lesestörung

In den meisten Fällen der schwer betroffenen Kinder mit einer LRS, fällt bereits in den ersten Schulwochen auf, dass sie die gelernten Buchstaben nicht sicher beherrschen und sie beim Erlernen anderer Wörter nicht nutzen können.

Außerdem lernen sie es nicht, die unterrichteten Wörter zu lesen und auswendig zu schreiben. Das Abschreiben gelingt hingegen oft fehlerlos. Häufig können Kinder dann auch ähnliche Laute wie „o" und „u" akustisch nicht unterscheiden und das Zusammenlesen von Buchstaben zu einem Wort gelingt häufig auch nicht, wobei die Einzelbuchstaben richtig lautiert werden können.

Weiterhin ist die Lesegeschwindigkeit verlangsamt und während des Lesens kann es zu Startschwierigkeiten beim Vorlesen kommen. Auch langes Zögern oder Verlieren der Zeile im Text, stockendes Lesen von Wort zu Wort, aber auch von Buchstabe zu Buchstabe und nicht sinnhafte Betonen beim Lesen können Indizien für eine Lesestörung sein.

Außerdem können Wörter im Satz vertauscht werden oder auch einzelne Buchstaben in Wörtern.

Wenn Texte gelesen wurden, gibt es bei betroffenen Kindern häufig Schwierigkeiten die Inhalte wiederzugeben und in Zusammenhänge zu setzen.

Is die Lesestörung stark ausgeprägt, erkennen die Kinder die zuvor genannten Fehler nicht und sind auch nicht in der Lage sich zu korrigieren, selbst dann nicht, wenn sie auf den Fehler hingewiesen werden. Zudem ist kennzeichnend, dass nach einer Leseübung ein zunächst richtig gelesenes Wort im nächsten Satz wieder falsch gelesen wird, als ob gelesene Worte in ihrem orthographischen Bild oder in ihrer Lautstruktur nicht wiedererkannt oder erinnert werden können. (Warnke 2002)

2.5   Symptome einer Rechtschreibstörung

Spätestens bei ungeübten Diktaten fällt die Rechtschreibstörung auf, wenn sie schlecht benotet werden. Das Schriftbild hingegen kann schön sein, denn das ist nicht das Problem, sondern die Rechtschreibung.

Besonders auffällige Symptome für eine Rechtschreibstörung sind Reversionen, also das Verdrehen von Buchstaben. So wird „b" mit „d" und „u" mit „n" verwechselt. Außerdem treten Reihenfolgefehler auf. Hierbei werden Buchstaben im Wort umgestellt, beispielsweise wird „die" zu „dei". Auslassungen bzw. Einfügungen von Buchstaben sind oft vorzufinden, also wird z.B. „auch" zu „ach" oder „Arzt" zu „Artzt". Weiterhin treten Dehungsfehler oder Fehler in der Groß- und Kleinschreibung auf.

Wahrnehmungsfehler, bei denen ähnlich klingende Laute wie „d" und „t" oder „g" und „k", vertauscht werden, werden ebenfalls häufig beschrieben.

Wie auch beim Lesen, wobei dasselbe Wort mal richtig und mal falsch gelesen wird, treten diese sogenannten Fehleränderungen auch bei der Rechtschreibung auf. Hierbei wird dasselbe Wort an verschiedenen Stellen mal richtig und auf unterschiedliche Weisen fehlerhaft geschrieben. (Warnke 2002)

2.6   Ursachen

Viele unterschiedliche Faktoren können an der Entstehung einer LRS beteiligt sein. Aus diesem Grund werden die Ursachen als multifaktoriell bezeichnet. Zurzeit unterscheidet man genetische Dispositionen, Störungen der zentralen auditiven Wahrnehmung, Störungen des Lernens und des auditiven Gedächtnisses sowie soziale Faktoren.

Untersuchungen haben bezüglich der genetischen Disposition gezeigt, dass LRS gehäuft innerhalb einer Familie auftritt. So liegt die Häufigkeit bei betroffenen Eltern und Geschwistern bei 40-50%. Bei eineiigen Zwillingen beträgt die

Konkordanz für Legasthenie 68%, bei zweieiigen Zwillingen hingegen nur 38%. (Suchodoletz von 2007)

Die zentrale auditive Wahrnehmung bezeichnet die Wahrnehmung von sprachlichen und nicht-sprachlichen Reizen. Bei einer LRS ist die Fähigkeit, lautliche Segmente einer Sprache zu unterscheiden und im Gedächtnis abzuspeichern gestört. Aus diesem Grund haben Betroffene Probleme, den Buchstaben Laute zuzuordnen und umgekehrt. Bei Personen mit LRS, werden die Regionen des Großhirns, die im Wesentlichen bei der Wahrnehmung und Unterscheidung von Sprachreizen und Lauten aktiviert werden, wesentlich geringer aktiviert (Klicpera, Schabmann und Gasteiger-Klicpera 2007). Nicht so hoch einzuschätzen wie die zentrale auditive Wahrnehmung ist die Bedeutung der zentralen visuellen Wahrnehmung. Wort- und Buchstabeninformationen werden von den betroffenen Personen verzögert wahrgenommen.

Außerdem liegt bei einer LRS eine Speicherschwäche im schriftsprachlichen Bereich vor. Das ist der Grund, warum betroffene Personen bei Aufgaben, bei denen eine Speicherung von Lauten im Gedächtnis erforderlich ist, große Probleme haben.

Im sozialen Bereich haben, neben Lese-Rechtschreibproblemen der Eltern, auch ihr Ausbildungsniveau und die Unterstützung bei den Hausaufgaben und auch die emotionale Unterstützung der Kinder in der Familie und Schule, Einfluss auf die Lese-Rechtschreibentwicklung der betroffenen Kinder (Klicpera, Schabmann und Gasteiger-Klicpera 2007).

2.7 Diagnosemöglichkeiten

Die lebensgeschichtlichen Angaben (Anamnese) und die spezifischen Informationen zur Entwicklung und aktuellen Leistungen im Lesen und Rechtschreiben (Exploration) stehen am Anfang der Diagnose.

Die Anamnese und Exploration lassen sich laut WARNKE in vier Bereiche aufteilen:

Der erste Bereich ist die Feststellung der Symptomatik. Hierbei geht es um die Art und Häufigkeit der Fehler der Kinder beim Lesen- und Rechtschreiben, die es zu ermitteln gilt. Im zweiten Bereich geht es um die Feststellung der Entwicklungsgeschichte hinsichtlich der schulischen Entwicklung. Die Feststellung von psychischen Begleitstörungen ist der dritte Bereich. Zuletzt werden die Begleitumstände festgestellt, in der die LRS auftritt. Hierbei wird eine Familienanamnese gemacht, die sowohl die familiäre als auch die schulische Situation sowie außerschulische Ressourcen ermittelt. (Warnke 2002)

3 Förderung im Schulalltag

Mit der LRS-Therapie verbinden sich vier Aufgabenbereiche und zwar die funktionelle Behandlung des Lesen und Rechtschreibens, die Unterstützung des Kindes bei der psychischen Bewältigung der Lese-Rechtschreibstörung, die Behandlung von Begleitstörungen und die Behandlung von Störungen des Sehens und Hörens.

Das Lesen und Schreiben zu lehren gehört zu den wesentlichen Aufgaben der Grundschule. Schülerinnen und Schüler der Sekundarstufe I sollen die grundlegende Fähigkeit, Texte zu lesen und lesend zu verstehen und die Rechtschreibsicherheit ständig weiterentwickeln. Für SuS, die besondere Schwierigkeiten im Erlernen des Lesens und Rechtschreibens haben, sind besondere schulische Fördermaßnahmen notwendig. Während dieser Fördermaßnahmen ist es wichtig, dass sie in einer ermutigenden Lernsituation stattfinden.

Damit Fördermaßnahmen erfolgreich sein können ist es hilfreich, wenn bekannt ist, wie bei den einzelnen SuS die verschiedenen Lernbedingungen zusammenwirken und dass die Fördermaßnahmen hierauf abgestimmt sind. Außerdem sollten die Fördermaßnahmen möglichst früh einsetzen. Zudem ist eine Absprache mit den Eltern und den weiteren LuL des Schülers unabdingbar und der Zweck der Maßnahmen sollte mit dem Schüler besprochen werden. Die Fördermaßnahmen sollten konsequent über einen angemessenen Zeitraum hinweg durchgeführt werden.

Wenn allgemeine Fördermaßnahmen während des Unterrichts (innere Differenzierung) nicht mehr ausreichen ist es möglich zusätzliche Fördermaßnahmen zu ergreifen. Im schulischen Rahmen sind dies Förderkurse, die über die Stundentafel hinaus zusätzlich durchgeführt werden. Diese Kurse dienen dazu, die Bereitschaft zum Lesen und Schreiben von Texten zu wecken und zu stärken. Durch verschiedene Übungen sollen bestehende Schwierigkeiten abgebaut werden, hierzu gehören beispielsweise Förderung der Groß-, Klein- und Feinmotorik, der visuellen und auditiven Wahrnehmung, der sprachlichen Fähigkeiten und der Merkfähigkeit und Konzentration. Außerdem soll durch motivierendes Lesematerial die Lesefreude geweckt werden, durch Schreibübungen die Handschrift und durch Rechtschreibübungen die Rechtschreibsicherheit verbessert werden, durch systematisches Üben und konsequentes Wiederholen der Grundwortschatz beherrscht werden und rechtschreibspezifische Arbeitstechniken, wie Entspannungsübungen und Korrekturtechniken, gelernt werden.

Fördermaßnahmen haben eine größeren Erfolg, wenn das gesamte Bedingungsgefüge der LRS berücksichtigt wird. Deshalb sollen die SuS zu selbstständigem und eigenverantwortlichem Arbeiten geführt werden, hilfreiche Arbeits- und Lernstrategien zum Abbau von Lernrückständen erlernen , durch differenzierte Hausaufgaben ein gezieltes und selbstständiges Arbeiten aufbauen und besondere Hilfen für die Bewältigung der LRS aufgezeigt bekommen, um mit Misserfolgen und angstauslösenden Situationen besser umgehen zu können. (Kultusministerium 1991)

3.1 Organisation der zusätzlichen Fördermaßnahmen

Über die Gruppenzusammensetzung, Methoden und Materialien, sowie Zeit und Dauer der Maßnahme ist nach pädagogischen Gesichtspunkten zu entscheiden. Wichtig ist, dass die Förderkurse kontinuierlich stattfinden und möglichst nicht im Anschluss an den Unterricht durchgeführt werden. Außerdem dürfen sie nicht zu einer unzumutbaren Überlastung der SuS werden. In der Sekundarstufe bis zur Klasse 7 sollten die SuS die Fördergruppe besuchen, deren Leistungen im Lesen oder Rechtschreiben über einen Zeitraum von mindestens 3 Monaten den Anforderungen nicht entsprechen. Ab der 8. Klasse sollten die SuS die Fördergruppe besuchen, wenn besondere Schwierigkeiten im Lesen und Rechtschreiben bisher nicht behoben werden konnten.

An der Gruppe sollten 8-10 SuS teilnehmen. Es sollte darauf geachtet werden, dass die Fachlehrer der SuS sich untereinander absprechen und die Fördermaßnahmen gemeinsam besprochen werden. (Kultusministerium 1991)

3.2 Die Hamburger Schreibprobe

Um eine LRS zu diagnostizieren und fördern zu können, ist es notwendig ein Testverfahren anzuwenden. An dieser Stelle wird die Hamburger Schreibprobe kurz vorgestellt, da diese in vielen Schulen in den fünften und sechsten Klassen angewandt wird.

„Das Konzept der Hamburger Schreibprobe geht davon aus, dass es grundlegende Strategien zur Schreibung von Wörtern und Sätzen gibt." (May 2001) Neben dem Prinzip, so zu schreiben, wie es Schriftkundige vormachen, und sich die Buchstabenkombinationen zu merken (logographemisches Prinzip) sind vor allem die beiden Grundprinzipien relevant, die als alphabetisches Prinzip (Laut-Buchstaben-Zuordnung) und als morphematisches Prinzip (Konstanz des Stammes und der Wortbildungsbausteine) bekannt sind. Die Hamburger Schreibprobe ist ebenso für die Einschätzung individueller Lernstände als auch für die Erhebung klassenbezogener Leistungen geeignet. Das Modell geht von einer stufenweisen Entwicklung der SuS aus, die vom Anfänger zum Experten führt. „Entsprechend der Wortauswahl und der Aufgabenkonstruktion wird durch die Hamburger Schreibprobe orthographisches Wissen und Können in einem Umfang und Komplexitätsgrad erfasst, das den Anforderungen an orthographische Kompetenz entspricht" (May 2001).

Die Hamburger Schreibprobe setzt sich aus Einzelwörtern und Sätzen. Die SuS haben für die Bearbeitung individuell Zeit. Das Bearbeiten der Schreibblätter dauert jedoch auch bei leistungsschwächeren SuS nicht mehr als eine Unterrichtsstunde. Ausgewertet wird der Test auf der Graphemebene. Ermittelt wird die Zahl richtig geschriebener Grapheme. Der Vorteil besteht darin, „dass die Rechtschreibleistung mit einer vergleichsweise geringen Zahl von Wörtern zuverlässig und ökonomisch erfasst werden kann" (May 2001). Anhand verschiedener Werte, wie beispielsweise die Zahl richtig geschriebener Grapheme und die Beherrschung der grundlegenden Rechtschreibstrategien, wird die individuelle Rechtschreibleistung der SuS erfasst. Auf Grundlage der hier entstandenen Fehlerprofile können Förderprogramme aufgebaut und individuell für den Schüler entwickelt werden, die das Kind fordern, aber nicht überfordern.

3.3 Förderdiagnostik auf der Basis freier Texte

Förderdiagnostik bedeutet nicht allein, dass in der Diagnostik gezogene Schlüsse in der Förderung angewendet werden. Förderdiagnostik bedeutet auch, dass der Lernstand immer wieder überprüft werden muss. Hierfür ist es sinnvoll, standardisierte Schreibanalysen, wie die Hamburger Schreibprobe, mit der Analyse informeller Texte zu kombinieren, da die kognitiven Anforderungsprofile von Test und freiem Schreiben sehr unterschiedlich sind.

„Die Wortwahl in freien Texten orientiert sich vor allem am Wortschatz der gesprochenen Sprache und ist immer auf den Inhalt des Textes bezogen. Die Motivation zur Verwendung eines Wortes leitet sich direkt aus ihrem Gebrauchswert für den Erzählzusammenhang ab" (Raschendorfer 2004).

„Quantitativ gemessen machen Kinder in freien Texten mehr Fehler als in Tests oder sorgfältig am Schreibwortschatz orientierten Diktaten" (Raschendorfer 2004). Das ist normal und zeugt von gut ausgeprägtem Selbstvertrauen.

Rechtschreibschwache Kinder haben oft eine ausgeprägte Angst davor Fehler zu machen, sodass sie in ihren Texten nur einfache und geübte Wörter benutzen. Da sie so sehr darauf konzentriert sind, Fehler zu vermeiden, werden ihre fantasievollen mündlichen Erzählungen zu aufgeschrieben Geschichten aus zwei Sätzen. Hierbei müssen die Überwindung der Schreibblockade durch den Abbau von Angst vor Fehlern und die Entwicklung von mehr Selbstbewusstsein beim Schreiben Schwerpunkt der weiteren Förderung sein.

Zur Ermittlung des Lernentwicklungsstandes von Kindern entwickelte Nicola Raschendorfer einen Leitfaden zur informellen Strategienanalyse. Ähnlich wie bei der Hamburger Schreibprobe wird zunächst eine wortbezogene Auswertung vorgenommen. Anschließend folgt eine graphembezogene Auswertung. Dann folgt eine Strategienanalyse, ähnlich der der Hamburger Schreibprobe, bei der auch Dinge wie Groß- und Kleinschreibung und Zeichensetzung berücksichtigt werden. (Raschendorfer 2004)

Im Unterricht nimmt die Arbeit mit und an freien Texten sehr unterschiedliche Stellenwerte ein, da die Lehrkräfte verschiedene Ansichten zur Bedeutung und zum Nutzen freier Texte haben. Viele LuL scheuen das freie Schreiben, da der Zeitaufwand und der vermutete Ertrag, ihrer Meinung nach, in einem unangemessenen Verhältnis stehen.

Im folgenden Kapitel werden einige Schwierigkeiten vorgestellt und Möglichkeiten für deren Bewältigung aufgezeigt.

3.2.1 Freie Texte im Förderunterricht

Kinder sind im Bezug auf das Verfassen freier Texte sehr unterschiedlich motiviert. Es gibt Kinder mit großen Schwierigkeiten beim Schreiben, die dennoch gerne eigene Geschichten verfassen. Anderen ist die Motivation verloren gegangen. Diese SuS sind häufig misserfolgsorientiert, da sie davon ausgehen, dass die gestellte Aufgabe für sie nicht lösbar ist. Wenn sie dennoch anfangen zu schreiben, ist das Ergebnis häufig eine fantasielos wirkende und kurze Geschichte, für die sie wenig Anerkennung bekommen. Bei Kindern, die von sich aus nur eine schwach ausgeprägte Motivation für das Verfassen von Texten zeigen, ist es besonders notwendig einen motivieren Schreibanlass zu bieten. Eine große Motivation zum Schreiben und auch zum Überarbeiten von Texten, ist die Aussicht, dass der Text auch gelesen wird. Beispielsweise können die Texte gesammelt und zu einem Buch zusammengefasst werden. Haben freie Texte im FU einen hohen Stellenwert, können nicht alle Texte veröffentlicht werden, aber es reicht oft schon, wenn die Erwachsenen die Geschichten noch einmal laut und mit Betonung vorlesen.

Besonders gut eigenen sich zum Verfassen eigener Texte, Anregungen, die noch viel Spielraum für eigene Gedanken lassen. Allerdings können zu offene Anregungen gerade bei Kindern mit wenig Selbstvertrauen in Bezug auf das Schreiben Versagensängste auslösen.

Natürlich muss auch berücksichtigt werden, dass freie Texte den Kindern Gelegenheit geben, individuelle Themen auszudrücken und auch zu verarbeiten. Bei Kindern, die sehr misserfolgsorientiert sind, ist eine besondere Ermutigung notwendig. Diese Schülerinnen und Schüler sollten zunächst frei von Druck und Angst erfahren, dass sie Ideen entwickeln können, die in Texte umzusetzen sind. Durch kreatives Gestalten kann ein positiver und persönlicher Bezug zum Schreiben entstehen. Für einige Kinder ist es leichter Geschichten am Computer zu schreiben, da dort die Phonem-Graphem-Zuordnung leichter fällt. Natürlich müssen diese Kinder an den vorliegenden Problembereichen dennoch arbeiten. (Raschendorfer 2004)

3.2.2 Freie Texte bearbeiten

Haben die Schülerinnen und Schüler ihre Texte verfasst, stellt sich die Frage, wie sie weiter bearbeitet werden können. Nachdem der Text geschrieben ist, darf der Schüler selbst entscheiden, ob er den Text selbst vorlesen möchte, oder ob der Lehrer dies übernehmen soll. Während des Vorlesens durch den Schüler kann es dazu kommen, dass er ins Stocken gerät, was aufgrund von Rechtschreibfehlern oder des Satzbaus geschehen kann. Manchmal nehmen die Kinder selber Korrekturen vor, wenn dies nicht gelingt, kann der Lehrer helfend einschreiten. Wenn der Lehrer vorlesen soll, kann es hilfreich sein, den Text zunächst still durchzulesen. Es kann sein, dass es spontan schwierig ist, den Text flüssig vorzulesen, was dem Kind unangenehm sein kann. Wenn der Lehrer schon vorher merkt, dass er den Text nicht lesen kann, sollte der Schüler gebeten werden, ihn vorzulesen.

Wie oben bereits erwähnt, entsteht eine große Motivation zur Überarbeitung der Rechtschreibung durch die Aussicht, dass der Text gelesen wird. Häufig haben Kinder den Wunsch, dass alle Fehler korrigiert werden. Das heißt aber nicht, dass auch jeder Fehler mit dem Kind besprochen werden muss. Es reicht eine Auswahl an Wörtern zu treffen, die angesprochen werden sollen. Für Kinder, die in der Entwicklung ihrer Rechtschreibkompetenz schon fortgeschritten sind, ist auch das eigene Suchen von Fehlern sinnvoll. Die Bereitschaft zur Überarbeitung ist dann besonders hoch, wenn Rückfragen von anderen Kindern kommen. Deshalb ist ein Austausch unter den Kindern unbedingt zu unterstützen.

Insgesamt gilt aber beim Bearbeiten der Texte das Prinzip „Weniger ist mehr". Früher wurden alle Fehler immer sofort eliminiert, da man davon ausging, dass sie sich zwangsläufig einprägen. Heute geht man davon aus, dass Fehler immer wieder neu während des Schreibens entstehen. „Für den Umgang mit Fehlern bedeutet dies, dass in einem Text keineswegs alle Fehler korrigiert werden müssen" (Raschendorfer 2004). Das kritische Überarbeiten des Textes sollte Sache des Kindes werden. Dies kann jedoch nur erfolgreich sein, wenn ihm auch Spielraum zur Entwicklung eigener Maßstäbe gegeben wird.

Annette Neubauer hat ein Trainingsprogramm für die Sekundarstufe entwickelt, da sie festgestellt hat, dass auch in weiterführenden Schulen und sogar in Abschlussklassen SuS sitzen, „die die wesentlichen Regeln der Rechtschreibung nicht beherrschen" (Neubauer 2008). Aus diesem Grund müssen altersgemäß aufbereitete Förderkonzepte, die auch SuS höherer Klassen motivieren, entwickelt werden. Ihr Trainingsprogramm greift anhand praxisorientierter Unterrichtsmaterialien die wichtigsten Punkte der deutschen Rechtschreibung in einer Form auf, die die jungendlichen Schüler anspricht. Hierbei „geht es nicht um die vollständige Erarbeitung von Rechtschreibregeln, sondern um die Vermittlung grundlegender Fähigkeiten, die zu einer Fehlerreduzierung im Schreibvorgang führen" (Neubauer 2008).

Die Übungsblätter sind bewusst übersichtlich gestaltet, damit es auch ungeübten Lesern leichter fällt, den Inhalt einer Seite gut zu erfassen.

Zu Beginn jedes einzelnen Kapitels bildet ein Text mit einem aktuellen Thema, zu dem die Jugendlichen einen individuellen Bezug aufbauen können, die Grundlage für die Übungen. Die Texte sind besonders einfach und verständlich geschrieben (kurze Sätze, verständliche Wortwahl). Zu diesem Text werden im Folgenden Übungen angeboten, die die Schwierigkeiten der deutschen Sprache behandelt. Drei Grundsätzliche Überlegungen stehen hierbei im Vordergrund:

1. SuS werden für verschiedene Gedächtnisleistungen sensibilisiert.
2. Da viele LRS-Schüler nicht genau wissen, was ihnen Schwierigkeiten bereitet, unterstützt das Programm das bewusste Wahrnehmen
3. Wörter und Silben zu gliedern, Wortfamilien zu erkennen, Wortbausteine zuzuordnen und Wörter zu verlängern ist für das Erlernen der deutschen Rechtschreibung unerlässlich.

Durch Denk- und Logikaufgaben werden die einzelnen Kapitel aufgelockert und eine kurze Unterbrechung bei der manchmal mühsamen Erarbeitung der Rechtschreibung herbeigeführt.

Die einzelnen Kapitel behandeln verschiedene Bereiche, die Schwierigkeiten bereiten können. Es gibt Übungen zu kleinen Wörtern, da LRS-Schüler gerade diese immer wieder falsch schreiben, da sie keine konkrete oder bildhafte Bedeutung haben. Als nächstes werden Aufgaben zur Buchstabenverwechslung aufgeführt. Die Buchstabenverwechslung tritt auch bei einigen SuS der Sekundarstufe auf, was zu einem verzögerten Lesefluss führt. Dann folgen Übungen zum Umlaut ä der häufig mit e verwechselt wird. Anschließend werden Aufgaben zur Buchstabenverhärtung und zur Konsonantendopplung angeboten. Auch Übungen zu Dehnungen, Groß- und Kleinschreibungen, Vor- und Nachsilben und Fremdwörter werden in eigenen Kapiteln aufgegriffen. (Neubauer 2008)

3.3.2 Fazit

Laut Annette Neubauer ist dieses Trainingsprogramm praxiserprobt und bietet gerade älteren SuS eine Möglichkeit ihre Lese- und Rechtschreibschwierigkeiten zu überwinden. Denn mit diesem Trainingsprogramm werden anhand aktueller Texte die wichtigsten Fehlerquellen von LRS- Schülern systematisch aufgearbeitet. Dadurch kann der Teufelskreis aus Misserfolg, Kritik und Frustration durchbrochen werden.

4 Schlusswort

Als Fazit der Arbeit lässt sich festhalten, dass die Lese-Rechtschreibstörung in allen Altersstufen vorzufinden ist. Dieses Problem lässt sich nur bewältigen, wenn alle beteiligten Personen, Schüler, Lehrer, Eltern und evtl. auch Psychologen, gemeinsam an der Therapie arbeiten. Hierzu ist es wichtig, dass genau diagnostiziert wird, in welchem Bereich die Schwierigkeiten liegen, damit genau diese Bereiche in den individuellen Förderprogrammen angegangen werden können. Gerade in der Sekundarstufe ist es wichtig, dass den SuS die Angst vor dem Schreiben genommen wird. Hierzu ist das Konzept der freien Texte sicherlich hilfreich. Viele Kinder schreiben gerne eigene Geschichten auf. Wobei hier dringend darauf geachtet werden muss, dass Fehler nicht als schlimm angesehen werden, sonder eher als positive Möglichkeit an ihnen etwas zu lernen. Durch eine Kombination aus dem Konzept der freien Texte und dem Trainingsprogramm für die Sekundarstufe ist eine gute Förderung im Förderunterricht möglich. Jeder

Schüler kann individuell in seinen Fehlerschwerpunkten unterstützt und gefördert werden, ohne dabei überfordert zu werden. Denn beide vorgestellten Förderprogramme sind stark darauf ausgerichtet, den Spaß an Schrift und Sprache zu fördern, damit die Hemmungen sie zu verwenden, überwunden werden können.

Meiner Meinung nach, kann jeder Lehrer anhand solcher Musterbeispiele, wie die eben genannten Förderprogramme, selber Übungsmaterialien für den Förderunterricht entwickeln, um den individuellen Bedürfnissen der SuS noch besser entgegen zu kommen.

Letztendlich kristallisiert sich heraus, dass die LRS eine Schwäche ist, die durch gezielte Förderung und Unterstützung durchaus verbessert und sogar überwunden werden kann.

Literaturverzeichnis

Gumpert, Nicolas. *Legasthenie.* http://www.dr-gumpert.de/html/legasthenie.html, 2009.

Klicpera, Christian, Alfred Schabmann, und Barbara Gasteiger-Klicpera. *Legasthenie. Modelle, Diagnose, Therapie und Förderung.* München: Reinhardt, 2007.

Kultusministerium. *LRS-Erlass. Förderung von Schülerinnen und Schüler bei besonderen Schwierigkeiten im Erlernen des Lesens und Rechtschreibens (LRS).* NRW, 1991.

May, Peter. „Diagnose der Rechtschreibstrategien mit der Hamburger Schreibprobe." In *LRS-Legasthenie in den Klassen 1-10. Band 2: Schulische Förderung und außerschulische Therapien,* von Naegele /Valtin, 87-92. Weinheim und Basel, 2001.

Neubauer, Annette. *LRS?- Ein Trainingsprogramm für die Sekundarstufe. ab Klasse 7. Typische Fehlerquellen von LRS-Schülern aufarbeiten.* Buxtehude: AOL, 2008.

Raschendorfer, Nicola. *LRS-Legasthenie: Aus Fehlern wird man klug. Förderdiagnostik auf der Basis freier Texte.* Mülheim an der Ruhr: Verlag an der Ruhr, 2004.

Suchodoletz von, Waldemar. *Lese-Rechtschreib-Störung (LRS) - Fragen und Antworten. Eine Orientierungshilfe für Betroffene, Eltern und Lehrer.* Stuttgart: Kohlhammer, 2007.

Warnke, Andreas. *Legasthenie. Leitfaden für die Praxis ; Begriff - Erklärung - Diagnose - Behandlung - Begutachtung .* Göttingen (u.a.): Hogrefe, Verl. für Psychologie , 2002.